SCHÖNHEIT

Ulrich Schaffer

SCHÖNHEIT

Die Sprache des Herzens • The language of the heart

EDITION schaffer
im Kreuz Verlag

Alle deutschsprachigen Rechte	© 2007 Verlag Kreuz GmbH Postfach 80 06 09 70506 Stuttgart www.kreuzverlag.de	All German language rights
Texte, Fotografien, Umschlaggestaltung	Ulrich Schaffer	Texts, Photographs, Cover design
Konzept, Layout und Design	Ulrich Schaffer	Concept, Layout and Design
Autorenfoto auf Seite 94	Micha Pawlitzki	Author´s Photograph on page 94
Autorenfoto auf der hinteren Klappe	Waltraud Schaffer	Author´s Photograph on back flap
Reproduktionen	Die Repro, Ludwigsburg	Reproductions
Herstellung	Imago Publishing Limited, London Printed in Singapore	Production

ISBN
978-3-7831-2963-2

Schönheit

Dies ist kein Buch mit Gedanken zur theoretischen Ästhetik. Es ist ein Buch über die Schönheit der Welt. Es ist ein Buch der Freude und Dankbarkeit. Die Welt ist unendlich vielfältig und schön. Die meisten Menschen sind durch Schönheit anzusprechen. Wir machen es uns schön: in unseren Wohnungen und Gärten, in unsere Beziehungen, im Gestalten unseres Lebens. Wir lesen, betrachten und schaffen selbst Schönes. Wir spüren das Bedürfnis unserer Seele nach Schönheit, weil sie nährt. Wir leben nicht vom Brot allein.

Es ist wichtig, womit wir uns umgeben und womit wir uns beschäftigen, welchen Bildern und Gedanken wir uns ausliefern. Was über unsere Augen in uns hineinfällt, schafft eine innere Welt und Wirklichkeit in uns. Die Gedanken, denen wir Raum in uns geben und die wir innerlich bewegen, werden uns prägen. Welche Bilder und Gedanken sind es?

Man muss nicht erst heraus aus aller Zivilisation, um Naturschönheit zu finden: In den Kelch einer Blume zu schauen, kann uns schon die Schönheit der Welt erkennen lassen. Die Sonne über einem Baum wandern zu sehen, den sich verändernden Himmel zu beobachten, die Jahreszeiten bewusst zu erleben, die Borke eines Baumes zu fühlen, dem Lied eines Vogels zu lauschen, den torkelnden Flug eines Schmetterlings zu verfolgen, Sand zwischen den Zehen und Gräser zwischen den Fingern zu spüren – das alles können Erlebnisse sein, die uns erden und Festigkeit geben.

Nach dem 11. September 2001 scheint sich manches verändert zu haben. Unser Augenmerk fällt stärker auf die Zerstörung. Die Bilder der in sich zusammenfallenden Türme des World Trade Centers haben sich uns tief eingeprägt. Seitdem ist der Mut schwerer zu finden. Die Hoffnung ist noch mehr gefährdet. Die Zartheit scheint noch weniger Platz zu haben als vorher. Die Fronten, die wir meinten überwunden zu haben oder zumindest überwinden zu können, stellen sich mit uralter Stärke ein: Hier sprechen die Habichte und da die Tauben. Das Wort „Krieg" gehört wieder zu unserem aktiven Sprachschatz, und die Meinung macht sich breit, dass es nicht anders gehen kann als mit Gewalt. Es ist, als seien wir Opfer dieser Welt – als hätten wir nichts beizutragen und müssten alles nur hinnehmen.

Da scheint es fehlt am Platz zu sein, von Schönheit zu sprechen. Und doch ist unsere Welt weiter schön wie zuvor. Die Sonne geht mit alter Brillanz auf, Menschen lieben und lassen sich lieben, Kinder vertrauen ihren Eltern, Freundschaften werden geschlossen und Blumen werden im nächsten Frühling mit Sicherheit blühen, so schön und zeitlos wie sie es immer getan haben. Mehr denn je ist nun von uns gefordert, an einer Welt zu bauen, die andere Werte setzt. Wir dürfen das nicht nur von den Politikern erwarten. Wenn sie es schaffen, aus einer gesunden Vision für die Welt heraus zu handeln, dann kann uns das ermutigen. Wenn sie nicht den Weitblick haben und nicht über das alte, kämpferische Denken hinausgelangen oder dem Planeten gegenüber ausbeuterisch denken,

Beauty

This is not a book about theoretical aesthetics. It is a book about the beauty of the world. It is a book of joy and gratitude. The world is boundlessly beautiful. Most people are responsive to beauty. We beautify our lives: the places in which we live, our gardens, our relationships, the shape of our lives. We read, observe and create beautiful things. We feel the need of our soul for beauty, because beauty feeds us. We do not live by bread alone.

It is important with what we occupy ourselves and to which images and thoughts we give ourselves. Whatever enters us through our eyes creates an inner world and reality in us. The thoughts to which we give room and that we ponder will shape us. What images and thoughts are they?

One does not have to leave civilisation in order to find beauty in nature: Looking into the calyx of a flower, seeing the sun pass over a tree, watching the always changing sky, experiencing the seasons more consciously, feeling the bark of a tree, listening to the song of a bird, following the erratic flight of a butterfly, feeling sand between our toes and leaves of grass beween our fingers. They all can become experiences that ground us and give us solidity.

After September 11, 2001 much seems to have changed. We focus more on destruction. The images of the crumbling towers of the World Trade Center have fallen deeply into us. It seems that since that day courage is harder to find. Hope is in jeopardy. Gentleness seems to have even less of a place than before. That, which we thought we had overcome, is back with its old strength: Here are the hawks and there the doves.

The word "war" has become part of our active vocabulary again and the opinion, that things can only be accomplished by power seems to once again have the upper hand. It seems as if we are victims of this world, having little to offer.

In a world like this it seems out of place to talk about beauty. And yet our world is as beautiful as before. The sun rises with brilliance, people love and allow themselves to be loved, children trust their parents, friendships grow and with certainty flowers will bloom next spring, as beautiful and timeless as they have always bloomed. It is required of us more than ever to build a world with different values. We can not just expect this from politicians. If they act out of a healthy view of the world, it can encourage us. But if they are not farsighted enough and see the world only as a battlefield or this planet as a place to be exploited, then it will be our duty to call a new world into life.

There is so much beauty to discover in the world. But what if it were a matter of being discovered by beauty? There is a way of seeing beauty and of giving oneself over to it, that will transform us. We are accustomed to changing the world. There is hardly a place on the globe, that we have not changed. The world bears our fingerprints – often our stranglehold. But it can function the other way around as well: Perhaps the beauty around us

dann wird es umso mehr unsere Aufgabe sein, die neue Welt zu denken und sie ins Leben zu rufen.
Es gibt viel Schönes auf der Welt zu entdecken. Aber was, wenn es darum ginge, dass das Schöne uns entdeckt? Es gibt eine Art, das Schöne wahrzunehmen und sich ihm auszuliefern, sodass wir davon verwandelt werden. Wir sind es gewohnt, die Welt zu verändern. Es gibt kaum einen Flecken auf der Erde, den wir nicht verwandelt haben. Die Welt trägt unsere Fingerabdrücke – und oft Zeichen unseres Würgegriffs. Aber es geht auch andersherum: Vielleicht ist die Schönheit der Welt der Schlüssel zu der Schönheit in uns? Es kann deutliche Konsequenzen für unser Leben haben, wenn wir uns in die Natur begeben, uns Bäumen nähern, Blumen bewusster wahrnehmen, uns für Steine und Pflanzen interessieren, wacher in Landschaften reisen, die uns innen erweitern, und dann zu beobachten, wie wir uns verändern. Die Natur wäre damit Geburtshelfer – und geboren würde ein sanfterer, bewussterer, achtsamerer Mensch. Dabei werden wir auch die Schönheit in Dunklen und Schweren entdecken, und unser Leben wird eine Tiefe und Weite empfangen, die wir vielleicht nicht kannten.
Ich möchte selbst diese äußere und innere Schönheit mehr entdecken und dazu beitragen, dass sie von vielen gesehen wird. Die Schönheit außen weckt die innere Schönheit. Wir brauchen wieder Anschluss an die natürlichen Dinge, an das Kleine und Unscheinbare. Wenn wir Sorge tragend mit der Natur leben, achten wir auch auf uns selbst. Indem wir die Welt retten, retten wir uns selbst auf geheimnisvolle Weise, und nicht nur unseren Körper, sondern auch unsere Seele.
In Rilkes neunter Duineser Elegie heißt es:

> „Sind wir vielleicht *hier*, um zu sagen: Haus,
> Brücke, Brunnen, Tor, Krug, Obstbaum, Fenster, –
> höchstens: Säule, Turm ... Aber zu *sagen*, verstehs,
> oh zu sagen, *so* wie selber die Dinge niemals
> innig meinten zu sein."

Der Dichter spricht hier von einem besonderen Dialog zwischen uns und der Welt. Durch diesen Dialog kann es uns gelingen, die Wirklichkeit neu zu sehen, sodass wir die natürlichen und alltäglichen Dinge als mit Schönheit und Heiligkeit erfüllt erkennen – ja, sie geradezu durch unsere Achtsamkeit erfüllen und sie liebend in uns tragen und uns in ihnen aufgehoben fühlen. Da verschmelzen innere und äußere Schönheit. Da leben wir zwar mitten in der Welt, aber erfüllt mit Hoffnung und Liebe und einer anderen Wahrnehmung.

is the key to the beauty in us. It can have definite consequences for our life, to go into nature, to meet trees, to see flowers more consciously, to be interested in plants and stones, to be more awake as we travel through those landscapes, that expand us inwardly, and then to watch how we are changed by these experiences. Nature would be a kind of midwife – giving birth to a gentler, more conscious and more attentive human being. In this process we would also discover beauty in the dark and difficult places and our life would get a depth and expanse that we might not have known before.
I would like to discover this outer and inner beauty more myself and to help others to see it as well. Outer beauty awakens inner beauty. We need to be connected to natural things again, to that which seems small and insignificant. If we care for nature, we care for ourselves. By saving the world, we save ourselves in mysterious ways, and not only our bodies, but our souls as well.
Rilke writes in his Ninth Duino Elegy:

> Are we *here* perhaps just to say: house,
> bridge, well, gate, jug, fruit tree, window, –
> at most: pillar, tower ... but to *say*, understand this,
> to say it *in such a way* as the Things themselves
> never fervently thought to be. (translation: U. Schaffer)

The poet speaks of a special dialogue between us and the world. Through this dialogue we might be able to see reality in a new way, so that we can recognize how ordinary things are filled with a beauty and sacredness – or even more, that through our attentiveness we imbue the world with these attributes. That is how we will lovingly carry the world in us and in turn we will be supported by it. Inner and outer beauty will then merge and become one. We will still be living in the world, but we will be see the world differently and we will be filled with hope and love.

ulrich schaffer
Gibsons, British Columbia
April 2007

Schön ist ...

Schön ist die Welle im Augenblick des Brechens.
Nie wieder wird es eine wie sie geben.

Schön ist der weite Himmel unseres Herzens,
wir sind mit Unendlichkeit begabt.

Schön ist die spitze Tanne, die den Mond aufspießt.
So fließt weißes Licht auf die schwarze Erde.

Schön ist die Reinheit des Quellwassers,
das erst meine warmen Lippen erschrickt
und dann kühl meinen Brustkasten durchquert.

Schön ist die Befindlichkeit,
die nicht aufgibt, Gedanke zu werden.
So wird das Bewusstsein weit.

Schön ist der Rucksack voller Hoffnung,
den der Kletterer wie einen Schutz trägt.
Die steile Felswand verbindet sich mit ihm.

Schön ist die Freiheit der Gedanken,
die das Gesicht offen macht und zum Gespräch einlädt.

Schön sind die Streifen des Tigers,
der seinen eigenen Schatten ins hohe Gras mitbringt
und so Unsichtbarkeit erreicht.

Schön ist das Auge, das sich durchschaut
und über Pupille und Netzhaut hinaus
mit einer Weisheit von innen leuchtet.

Schön ist die Erkenntnis, dass die Wahrheit anfassbar ist.
So sind die Dinge den Gedanken ebenbürtig.

Beautiful is ...

Beautiful is the wave
at the moment of its breaking.
There will never be another like it.

Beautiful is the expansive heaven of our hearts,
we are gifted with infinity.

Beautiful is the tip of the fir tree
stabbing the moon.
That is how white light pours onto the dark earth.

Beautiful is the purity of spring water
that startles my warm lips
and then crosses the cavity of my chest in a cool flow.

Beautiful is the state of being
that does not give up the attempt to become thought.
That is how our consciousness grows.

Beautiful is a back-pack full of hope
that the climber wears like protection.
The steep rock-face becomes one with him.

Beautiful is the freedom of thinking,
which invites genuine dialogue.

Beautiful are the stripes of the tiger
who brings his own shadow to the tall grass,
thus reaching invisibility.

Beautiful is the eye, that sees through itself
beyond pupil and retina,
radiating with a wisdom from the inside.

Beautiful is the insight, that truth is touchable.
That is how things become equal to thoughts.

Dass ich bin

Manchmal legt Gott sich auf mich
in einer Schicht goldener Abendluft,
in dem schnurrenden Leib einer Katze,
in einem glatt geschliffenen Kiesel.

Oder er schiebt sich zwischen mich und die alte Erde
als üppige Wildblumenwiese, als heißer Wüstensand
zwischen leuchtenden, brennenden Felsen,
als samtene Haut mit Geschichten beschrieben,
als kühler Nebelhauch.

Oder er ruft die Erinnerungen wach,
in denen ich heil und heilig war
in dem Unternehmen, nur eines zu wollen
in meiner unergründbaren Seele.

Und plötzlich weiß ich gegen jeden Zweifel,
dass ich schön bin,
über alle Messbarkeit hinaus,
nur weil ich bin,
in der Eigenart
und der Einmaligkeit
meines Wesens.

Just being

Sometimes god lies on me
in a layer of golden evening light,
in the purring body of a cat,
in a smoothly polished pebble.

Or he places himself between me
and the old earth as a meadow of wildflowers,
as hot desert sand between glowing, burning rocks,
as velvet skin, with stories written on it,
as a cool breath of fog.

Or he calls up my memories
of when I was whole and holy
in the desire of wishing only one thing
with my unfathomable soul.

And in a moment I know against all doubts,
that I am beautiful,
beyond all measuring,
just because I am,
in the peculiarity
and uniqueness
of my own being.

Ein Wunder

Es ist ein Wunder,
dass sich in dir eine ganze Welt
ans Licht durchkämpft
und du daraus entstehst,
einmalig und zweifelnd,
aber dir zugekehrt,
voller Erwartungen an das Unbekannte,
das deine Umrisse trägt.

Dein Mut,
mit dem du die Dunkelheit abstreifst,
dein aufrechter Gang,
manchmal hölzern, manchmal biegsam
im heftigen Gegenwind,
deine Flucht vor billigen Erklärungen,
die unter deiner Würde und Neugier sind,
dein Glaube an den Fluss der Sprache
von Herz zu Herz über die Hoffnung
und dein unstillbarer Durst,
sie alle tragen die Schönheit
des menschlichen Wunders in sich.
Sie alle zeigen dein unteilbares Herz.

A miracle

It is a miracle
that there is a whole world in you
battling its way through to the light
and that in this way you come into being,
unique and full of doubts,
but focussed on yourself,
full of expectations of that, which still lies hidden
and yet has your outline.

Your courage,
with which you rid yourself of the darkness,
your upright walk, sometimes wooden, sometimes flexible
in the fierce wind of resistance,
your flight from cheap explanations,
which are beneath you and your curiosity,
your faith in the flow of language
from heart to heart, by way of hope,
and your unquenchable thirst,
they all carry the beauty of the human miracle in them.
They all show your indivisible heart.

So vollkommen ...

... und schon tauche ich
in mein Inneres ein,
in das Feuer, in den Wind,
in das stille Wasser meiner Seele,
in die Farben des Wunders,
und tauche erst wieder auf,
als ich von der Schönheit gesättigt bin,
zu der ich wenig beigetragen habe,
so vollkommen war sie
von Anfang an ...

So complete

... diving into the space deep in me,
into the fire and the wind,
into the still water of my soul,
into the colours of the miracle,
and only emerging
when I am sated by beauty,
to which I contributed very little,
it was so complete
from the beginning ...

Der Bär

für Geraldine Busse

Wir saßen auf dem Berg
mit dem Blick auf die Inseln,
die sich grün in das blaue Meer einfügten,
unter uns die grauen Granitfelsen,
als der Bär von links aus dem Wald trat,
zwanzig Meter von uns entfernt.

Ich sagte es dir, wir blieben still.
Er sah uns und trat einige Schritte zurück
hinter einen Felsen
wie ein Kind, das meint, es wäre unsichtbar,
wenn es die anderen nicht mehr sieht.
Nur an seine spitzen Ohren hatte er nicht gedacht –
sie standen über den Felsen hinaus.

So verharrten wir eine Weile.
Der Weitblick auf das Meer blieb,
der Geruch des Sommertags blieb,
der rätselnde Bär,
unsere pochenden Herzen,
unser schweigendes Glück,
unsere Verwunderung.
Alles blieb, schwebend,
in der Schönheit der Welt.

The bear

for Geraldine Busse

We sat on the mountain
gazing out over the islands
which sat green in a blue ocean,
grey granite beneath us,
when a bear stepped out of the woods,
twenty meters from us.

I mentioned it to you, we remained still.
When he saw us, he stepped back a few paces
behind a granite outcropping,
like a child, thinking it is invisible,
if it can´t see the others any longer.
But he had not thought of his ears,
which peeked out above the rock.

That is how we remained for a while.
Our gaze over the vast ocean remained,
the smell of a warm summer day remained,
the puzzled bear,
our beating hearts,
our quiet happiness,
our surprise.
Everything remained, suspended,
in the beauty of the world.

Alles spricht

Singt nicht der Buckelwal in fernen Lagunen
von seiner Liebe zum Leben,
und fügt er nicht jedes Jahr seinem Lied eine Passage hinzu,
weil er erfüllt ist mit einem Glück,
das keinen menschlichen Ausdruck kennt?

Spricht nicht der Kelch der roten Mohnblume
zu seinem Stängel und seinen Blättern
von der Leidenschaft zum Leben,
die alles verwandelt und wertvoll macht?

Rauschen die Tannen nicht davon,
dass wir alle Wind sind
und nur einen Augenblick lang fassbar
in dieser Gestalt und Zeit?

Raunt nicht der Bach von dem Berg, von dem er kommt,
und von dem Meer, zu dem er fließt,
und damit von dem Weg, der alles ist?

Spricht nicht der Sonnenaufgang
von den vielen Möglichkeiten, die der neue Tag birgt,
weil nichts endgültig ist und alles entsteht, auch wir?

Flüstert nicht die Wüste
Düne um Düne, Stein um Stein, Kaktee um Kaktee
von der Reinheit des Sparsamen,
von der Begrenzung, in der es deutlich wird,
dass weniger mehr sein kann?

Everything speaks

Does not the humpback whale
sing of his love of life in distant lagoons
and does he not add a passage to his song every year,
because he is moved by a joy
for which there is no human expression?

Does not the calyx of the red poppy
speak to its stem and leaves
of its transforming passion for life,
that makes everything valuable?

Does not the wind rustling in the firs
tell us that we are all wind and can only be held
for a brief moment in this shape and time?

Does not the creek murmur of the mountain
from which it comes and of the ocean
to which it flows
and of the path which is everything?

Does the sunrise not speak
of the many possibilities hidden in the new day,
because nothing is final and everything is still emerging,
including us?

Does not the desert speak dune by dune,
stone by stone, cactus by cactus
of the purity of frugality,
of the limitations in which it becomes clear
that less can be more?

Spricht nicht der spitze Gipfel
von dem Berg unter sich,
weil alles Hohe, Erhabene
auf dem Alltäglichen ruht und wächst?

Erzählt nicht der Gletscher in seinem Rhythmus
von Schmelzen, Wachsen und erneutem Schmelzen
von dem Wechsel, den wir verheimlichen,
weil das Loslassen so schmerzhaft ist?

Spricht nicht der Regen von der Sonne
und die Sonne von den Sternen und die Sterne von Gott
und Gott von uns und wir von Gott
und Gott von der Decke der Schönheit,
in die er uns einhüllt,
weil er weiß, dass wir sie lieben?

Spricht nicht der eine Gedanke von der ganzen Geschichte
und die Geschichte von ihrer Erzählerin
und die Erzählerin von ihrer Liebe zu den Einzelheiten,
und sprechen die Einzelheiten nicht von dem Ganzen
und das Ganze von dem unsichtbaren Geist, der uns bewegt?

Spricht nicht der Tod vom Leben,
so sprachgewandt wie sonst nichts,
und spricht nicht die Begrenzung immer von der einladenden Weite
und die Weite von der Grenzenlosigkeit?

Sprechen sie nicht auf unzähligen Ebenen alle von der Schönheit,
von ihrem Wesen, ihrer Leuchtkraft, ihrem Wunder?

Does not the steep summit
speak of the mountain beneath it,
because all that is elevated and sublime
rests on the common and everyday?

Does not the glacier
in its rhythm of melting, growing, and renewed melting
speak of the changes, which we keep secret,
because letting go is so painful?

Does not the rain speak of the sun
and the sun of the stars, and the stars of god,
and god of us, and we of god
and god of the blanket of beauty
in which she envelopes us,
because she knows we love beauty?

Does not the single thought speak of the whole story,
and the story of the storyteller
and the storyteller of her love for details,
and do not the details speak of the whole,
and the whole of the invisible
and the invisible of you and me
and the spirit, that moves us?

Does not death speak of life
as eloquently as nothing else can speak of life,
and do not the restrictions
always speak of the inviting expanse
and the expanse of limitlessness?

Do they not all speak of beauty on countless levels,
of its being, radiance and miracle?

Butterkuchen

In deinem Mund
bildet sich das Glück schon beim Warten
wie ein kleines Land.
Vor dir in einer Bäckerei
liegt ein halbes Blech Butterkuchen:
In den Vertiefungen im Teich
sind Zucker und Butter zusammengelaufen
und bilden himmlische Happen.
Alles liegt in der Erwartung,
in der Vorstellung, was gleich kommen wird,
in der Überraschung für die blinde Zunge.

Jetzt,
deine Stimme
in dem schon dunklen Geschäft am Nachmittag,
das Klingeln des Wechselgeldes,
das Rascheln des fettigen Papiers,
die Hände, die klebrig werden,
der Luftweg bis zum Mund,
der sanfte Biss der Zähne,
das glückliche Erschrecken der Zunge –
so leicht und so vollkommen
ist das Glück selten.

Butter cake

In your mouth happiness forms
like a small country.
You are standing in front of a bakery,
and you can see half a cookie sheet of butter cake.
Sugar and butter have run into the hollows,
joined and created heavenly bites.
Everything lies in the anticipation,
in visualizing, what is about to happen,
in the surprise for the blind tongue.

Now,
your voice,
in the darkening store in late afternoon,
the sound of your change,
the rustling of the greasy wax paper,
the sticky hands,
the passage to the mouth by air,
the gentle bite of the teeth,
the startled joy of the tongue –
happiness is seldom
this simple and this perfect.

Die Landschaft als Ausdruck der Seele

Ich bin in meinen Leben durch viele Landschaften gereist und habe sie fotografiert. Dabei hat es mich immer interessiert, was mich angezogen hat. Ich habe gefunden und finde es auch heute noch, dass jede Landschaft eine Entsprechung in mir hat. Sie drückt einen Teil meiner Seele aus. Sie mag von Weite oder Konzentriertheit sprechen, von der Härte des Klimas und dem so lebensförderlichen Licht und so etwas in mir ananrühren – meine Weite, meinen Kampf mit Widerständen, meine Sehnsucht nach Licht und Erleuchtung. Darum sind es nicht nur Landschaften, in denen Bäume auf einer weiten Ebene stehen oder ein Berg sich aus dem Flachland erhebt, sondern sie sind Ausdruck meiner Ängste, meiner Fragen, meines eigenen Glücks. Darum sprechen sie mich an. Bäume sind nicht nur Birken, Erlen, Eichen in ihrem Umfeld, sind nicht nur Wacholder in Utah, 200 Jahre alt, verwittert, sind nicht nur Bristlecone Kiefern, 5.000 Jahre alt, halb abgestorben, in der Wüste von California. Diese Bäume sind Ausdruck einer Überlebensstrategie, eines Wachsens in der Herausforderung. Sie sind mehr als eine Ansammlung von Holz, Borke, Wurzeln und Zapfen, sie sind ein Bild von mir, ein Bild meines Inneren, meines Überlebens, meines Kampfes, meines Wagnisses. Der Baum, der über den Abgrund ragt, bin ich selbst in der Herausforderung meines sich ständig erneuernden Glaubens an das Leben. Der Felsenturm in der Wüste erzählt mir vom aufrechten Leben. Er spiegelt mich wieder. Ich kann mich in ihm sehen.

So kann ich mich in einen einsamen Steppenwolf in Utah, in eine absterbende Eiche im Teufelsmoor, in einen Regenbogen bei Mondlicht in der Wüste, in einen Strand schwarzer Kiesel in Island, in einem kalbenden Gletscher in Alaska verlieben. Sie alle sind schön über ihr „Material" hinaus. Dabei wird mir selbst immer wieder bewusst, dass ich die Schönheit auch durch meine Haltung ein Stück mitbringe und ins Leben rufe. Meine Haltung entscheidet, was ich sehe und was ich ins Leben rufe. Schönheit ist Echtheit. Wenn ich bereit bin, mich von der Schönheit überraschen zu lassen, werde ich sie erleben. Mit dem Da-Sein unseres Herzens entdecken wir sie.

The landscape as expession of the soul

I have travelled through many landscapes and photographed them. When doing so, I was always interested in knowing what attracted me. I found and still find today that each landscape has an equivalent in me. It expresses a part of my soul. It might speak of a wide expanse or of a great concentration, of the harshness of climate, or the life-giving light and something in me is touched – my expanse, my battle with challenges, my yearning for light und enlightenment. That is why these are not only landscapes, in which trees stand in plains or a mountain arises out of the flat land, but they are expressions of my fears, my questions, my happiness. That is why they speak to me. These trees are not just birches, alders and oaks in their surroundings, they are not junipers in Utah, 200 years old and weathered, they are not bristlecone pines, 5,000 years old, half dead, in the desert in California. These trees are an expression of a survival strategy, of growth and challenges. They are more that a collection of wood, roots and cones, they are a picture of myself, of my inner reality, my battles, my risks. I am the tree jutting out over an abyss, it is a symbol of my faith in life, renewing itself. The hoodoo in the desert speaks to me of the upright life. It mirrors me. I can recognize myself in it.

That is how I can fall in love with a lonely coyote in Utah, with a dying oak in the Teufelsmoor, a moor near Bremen, with the rainbow by desert moonlight, with a black pebble beach in Iceland, with a calving glacier in Alaska. They are all beautiful beyond their "material". In this process I have also become aware that I am bringing beauty with me, in my attitude. My attitude determines what I see and what I call into life. Beauty is genuineness. If I am ready to be surprised I will experience beauty. By being present with one´s heart, one falls into beauty.

Der weiche Vogel deines Herzens

Du lässt den weichen Vogel deines Herzen fliegen,
schreibst ihm nichts vor, gibst keine Route an.
Weißschwingig und still hebt er ab.
Seine Füße streckt er nach hinten, um Pfeil zu sein.
Alles an ihm ist Luft, von den hohlen Knochen
bis zu den feinen Daunen, die ihn warm halten.
Unter seinen Flügeln entsteht der Auftrieb,
den er in seinem Herzen wiederholt.
In seinem Schnabel trägt er einen unsichtbaren Faden,
der alles mit allem verbindet.

Was er überquert, wird bunt: herbstgoldgelb,
winterschattenblau, frühlingszartgrün, sommerbeerenrot.
Wenn er sich vom Aufwind tragen lässt,
reißen die Wolken über ihm auf.
In seiner Nähe schmilzt der letzte Schnee,
da stürzen Worte nach vorne, um Lippen zu finden,
Gedanken erkennen offene Türen,
und aus dem Wesen des Vogels
fließt eine heilende Kraft in die Welt.

Du hattest vergessen,
dass du schön bist wie der helle Morgen eines Tages,
an dem nichts unmöglich ist.
Schon längst ist an dir verwandelt,
was du noch unerlöst wähnst.
Öffne den Käfig.

The soft bird of your heart

You set the bird of your heart free.
You don´t tell her how or where to fly.
Whitewinged and quietly she lifts off.
She tucks her feet under her body to be an arrow.
Everything about her is air, from the hollow bones
to the fine down, that keep her warm.
Under her wings is the lift, that she echos in its heart.
In her beak she carries an invisible string
that connects everything to everything else.

The world she crosses turns to color: autumn-gold-yellow,
winter-shadow-blue, spring-green, summer-berry-red.
When she rests on the updraft
the clouds above her break open.
Near to her the last snows melt,
and words rush forward to find lips,
thoughts recognize open doors
and from the essence of the bird
a healing power flows into the world.

You had forgotten, that you are as beautiful
as the morning of a day on which nothing is impossible.
What you still consider unredeemed about you
was transformed long ago.
Open the cage.

Von deiner Schönheit

Du bist gegangen, bis du nicht mehr gehen konntest.
Zu schwer war die Last, zu weit der Weg.
Du hast dich umgesehen und die anderen entdeckt,
die so gebeugt gingen wie du.
In euren Nacken saß die Enge, die Mühe,
die Unsicherheit mit ihren vielen Schwestern.

Der Blick auf die Erde vor dir
war der Blick in die Behinderung,
aber du hast ihn weiter an die Erde geheftet,
auch wenn er dir nur die Sicherheit des Leids gab.
Es fiel dir schwer, an dich zu glauben,
und noch schwerer, in allem den Sinn zu sehen.
Der Sinn war in der Erde versunken,
war untergegangen in deinen ungeweinten Tränen.
Du gingst über das Grab deiner Wünsche,
unter dir der kalte Stein, der sich über deinen Träumen schloss.
Du hattest nur noch die Zukunft der Trauer,
die Sicherheit des Verlusts.
Türen schlossen sich, Fenster wurden blind,
Menschen kehrten sich ab,
Gedanken des Glücks flohen vor dir.
Du gingst noch gebeugter, verzweifelter,
mit der Verzweiflung der Sprachlosen.

... bis jemand dich aufrief, aufrecht zu gehen.
Dieser Ruf traf dich. Erst war es wie ein Hohn,
und du wolltest nicht aufgeben,
was dir so sicher vor Füßen lag,
auch wenn es nur die Ausweglosigkeit war.

About your beauty

You walked until you could go no further.
Suffering was too painful, the road too long.
You looked around and discovered the others,
walking as bent as you.
You were gripped by fear and troubles,
by uncertainty and its many sisters.

Looking at the ground in front of you
you were focussing on your handicap,
but you continued,
preferring the certainty of suffering.
It was hard for you to believe in yourself
and even more difficult to see meaning in everything.
All purpose was gone,
it had drowned in your uncried tears.
You walked across the grave of your wishes,
the cold stone slab beneath you.
You had nothing but a future of sadness,
only the certainty of loss.
Doors closed, windows became blind,
people turned away,
thoughts of happiness fled from you.
You walked more bent with even greater doubts.
You were filled with the despair of the speechless.

... until someone called to you to walk upright.
You were startled by this call.
At first it seemed like someone scorning you
and you continued to look down.

Aber wie von geheimnisvoller Hand geführt,
gelang es dir, aufzuschauen: Sonne fiel auf dein Gesicht.
Dann ging ein Ruck dein Rückgrat empor,
du spürtest die Schmerzen, die vom Aufrichten kamen,
von dieser ungewohnten Haltung,
von dem neuen Feuer in dem alten, gebeugten Körper.
Aber bald wusstest du: Dies war Leben!

Jetzt erkennst du dich.
Du erhörst dich.
Du erfühlst, wer du bist.
Du beginnst zu grünen und zu blühen.
Deine Träume haben schon lange auf diesen Augenblick gewartet.
Deine eingeborene Weisheit stellt sich wieder ein,
in deiner neuen Würde siehst du über den Horizont hinaus.

Jetzt gehst du deinem Mut nach,
der dich in die Besinnung führt.
Du verlässt das Selbstmitleid,
du entkommst der sinnlosen Beugung,
du verlierst deine Scheu vor den Herausforderungen.
Reife breitet sich in dir aus,
dein ganzes Wesen richtet sich auf
und mit dem Aufrichten wirst du schön,
wie du dich nie sahst.

In deiner Einmaligkeit wirst du anziehend,
in deine Schöpferkraft wirst du glücklich.
Noch nie hast du so geleuchtet,
noch nie so deutlich gewählt, wie du leben willst.
Ein unaufhaltsamer Fluss Leben
durchzieht dich von Fuß bis Kopf.

But led by a mysterious hand,
you managed to look up: The sun fell on your face.
A jolt ran up your spine,
you sensed the pain coming from walking upright,
this unusual posture,
this new fire in the old, bent body.
But you knew: This was life!

Now you recognize yourself,
and listen to yourself.
You feel who you are.
You begin to bloom.
You dreams have waited a long time for this moment.
Your innate wisdom is back,
and in this new dignity you can see beyond the horizon.

You follow your courage
that leads you to reflection.
You leave your self-pity behind,
you stop your senseless bowing
and lose your fear of challenges.
A maturity spreads out in you,
your whole being takes heart
and with it you become beautiful,
like you never saw yourself before.

In your uniqueness you become attractive,
in your creativity you become joyous.
Never have you shone like this,
never have you chosen how you want to live,
like you do now. An unstoppable river of life
flows through you from head to toe.

Meine Arbeit

Meine Arbeit ist es,
der Schönheit ein Land zu geben
zwischen den dunklen Bäumen der Schwere in mir
und den hellen Seen meiner Hoffnung,
gleich nördlich vom Abgrund
und südlich der Verlorenheit.

Meine Arbeit ist es,
das Land mit meinen Gedanken zu pflegen,
trotz der zugewachsenen Wege
und trotz der Erschütterung, die mich heimsucht,
als wolle sie alles bestimmen.

Meine Arbeit ist es,
mich durch die Schönheit verwandeln zu lassen,
und selbst Spur zu sein,
auf der jemand nach Hause findet.

My work

It is my work
to give beauty a country
between the dark trees of my heaviness
and the bright lakes of my hope,
just north of the abyss
and south of lostness.

It is my work
to nurture the land with my thoughts,
even if the trails have grown over
and in spite of the distress seeking me out,
as though it wanted to govern me.

It is my work,
to be transformed by beauty
and to become the spoor
along which someone finds home.

Schönheit rettet

Manchmal rettet mich die Schönheit vor mir selbst,
vor der Enge, in die ich gelaufen bin.
In ihrer befreienden Größe wachse ich.

Auf der Breitwand des Meeres
reisen zwölf Kormorane auf einem Baumstamm
durch das Graublau des Wassers und der Luft.

Am Horizont lässt ein schmaler gelber Streifen die Sonne durch.
Plötzlich ist Licht auf allem,
und niemand muss erleuchtet sein, um zu leuchten.

Die Adler suchen mit stechendem Blick
das Meer nach Fischen ab.
Dann steigen sie in immer größeren Kreisen auf
und verwandeln den Himmel zu einem Gewölbe mit ihrem Flug.

Große Wolken bilden Kontinente, die sich ineinander schieben,
ohne Grenzen, ohne Kontrollen, ohne Feindschaft,
leichte und luftige Tiere, die auf blauen Wiesen grasen.

Ich reise mit den Kormoranen,
ich werde unbeschreibliches Licht,
ich wohne in der Wölbung des Himmels,
ich lege den Kampf ab, werde leicht
und erkenne meine Fähigkeit zur Schönheit.

Ich betrachte meine Hand,
die in ihrem Mut zuzupacken schön ist.
Ich muss nicht suchen.
Heute bin ich gesegnet, zu finden.

Beauty saves

Sometimes beauty saves me from myself,
from the narrowness into which I have run.
In its liberating greatness I expand.

On the wide screen of the ocean
twelve cormorants travel on a log
through grayblue water and air.

At the horizon a narrow yellow streak
allows the sun through.
Suddenly light is on everything
and no one has to be enlightened to shine.

The eagles scan the ocean for fish with their piercing gaze,
then they ascend in ever larger circles,
transforming the whole sky into a giant arc.

Large clouds form continents that flow into one another,
without borders, controls and animosity.
They are light, airy animals grazing on blue meadows.

I travel with the cormorants,
I become the indescribable light.
I live in the arc of the sky,
I put down my weapons
and recognize my potential for beauty.

I look at my hand,
which is beautiful in its courage to act.
I do not have to search,
today I am blessed to find.

Eine Schale Aprikosen

Ein Schale Aprikosen spricht mit mir.
Schüchtern laufen sie rot an.
Sie sind nicht gewohnt, gehört zu werden.
Ihre zarten Punkte erinnern mich
an Bilder von Galaxien,
in denen ich letzte Woche unterwegs war.

Später,
nachdem sie mir vom Reifen erzählt haben –
von Sonne und Regen, von der leichten Luft
und den Herausforderungen des Windes –,
berühre ich sie, ihre samtene Sanftheit,
und erkenne, dass die Schönheit
nicht in den Fasern meines Verstandes,
sondern in den Herzkammern meiner Liebe beginnt.

A bowl of apricots

A bowl of apricots talks to me.
They blush in their shyness.
They are not accustomed to being heard.
Their small dots remind me of distant galaxies
in which I travelled only last week.

Later,
after they have told me about their maturing,
about sun,rain, the light air
and the challenges of the wind,
I touch them, their velvety gentleness
and recognize, that beauty
does not begin in the fibres of my mind,
but in the heartchambers of my love.

Schön ist Gott

Schön ist Gottes Körper auf den Lichtwellen,
vom Andromedanebel M31 mit seiner Billion Sterne
bis zum Licht in deinen Augen.

Schön ist Gottes Erkenntnis,
von der Weisheit unserer Ahnen
bis zum Schweigen der Heiligen,
die barfuß auf Wind und Feuer gehen.

Schön ist Gottes Schall,
vom Urknall bis zum Klang deiner sanften Stimme an meinem Ohr.

Schön ist Gottes Schnelligkeit,
von der Lichtgeschwindigkeit
bis zur schwerfälligen Bewegung der Riesenschildkröte
im Sand der Galapagosinseln.

Schön ist Gottes Beharrlichkeit,
von dem sich ausdehnenden Universum
bis zu meiner Suche,
mit der ich die Tiefen in mir ausmesse.

Schön ist Gott in uns,
die Faser der Wahrheit, die Sehne der Kraft,
der Stein des sanften und harten Anstoßes,
die sich täglich erneuernde Zelle.

Und schön ist Gott um uns,
ein Kontinent der Sprachlosigkeit,
ein unendlicher Fluss, der uns trägt.

God is beautiful

God´s body is beautiful, on the light waves
from the Andromeda Cloud M31
with its trillion stars
to the light in your eyes.

God´s insight is beautiful,
from the wisdom of our ancestors
to the silence of the saints,
who walk barefoot on wind and fire.

Beautiful is god´s sound
from the Big Bang to your gentle voice in my ear.

God´s speed is beautiful,
from the speed of light
to the lumbering motion of the giant tortoise
in the sands of the Galapagos Islands.

Beautiful is god´s persistence
from the expanding of the universe
to my plumbing the depths in me.

God is beautiful in us:
the fibre of truth, the sinew of strength,
the soft or hard bone of contention,
the cell renewing itself daily.

And god is beautiful around us,
a continent of speechlessness,
an endless river carrying us.

Das Versprechen der Wunde

Ich erreiche die innere Schönheit,
die ich mir vorstelle, nicht.
Ich bin gebrochen und zerrissen,
ich trage meine Unvollkommenheit
wie einen Schleier, der mich von der Welt trennt.
Ich stecke in der Sehnsucht nach Heilheit
wie ein Splitter in der Haut

bis ich erkenne,
dass ich auch gebrochen, ängstlich und unsicher
noch schön bin,
anders als in starker Schönheit,
verletzbarer, sehnsüchtiger, hingehauchter,
mit jeder Not nahbarer,
mit jedem Versagen menschlicher.

Was mir fehlt,
was noch Wunde ist,
ist wie ein Versprechen.
Ich lebe die Schönheit der Verwandlung.
xSogar in meinen Tod entfalte ich mich noch
auf unerklärliche Weise.

The promise of the wound

I will not achieve the inner beauty,
which I can imagine.
I am broken and torn,
I carry my incompleteness like a veil,
separating me from the world.
I am stuck in my yearning for wholeness
like a splinter is stuck under the skin,

until I recognize,
that even broken, afraid and uncertain
I am still beautiful,
more vulnerable, filled with a deeper longing,
more approachable with every hurt,
more human with every failure.

What I am missing
and what is still a wound in me,
is like a promise.
I am living the beauty of transformation.
Even in my death I will unfold
inexplicably.

Innen und außen

Ich habe das Glück, vor meinem Schreibtisch ein 3,50 m breites Fenster zu haben, das auf die Georgia Strait, einen Teil des Pazifiks an der Westküste Canadas, schaut. Hier beobachte ich die sich ständig verwandelnde Schönheit am Strand und auf dem Meer. Achthundert Meter vor dem Fenster ragt die Insel Keats aus dem Meer. Sie ist nach dem englischen Dichter John Keats benannt, ein frühvollendeter Lyriker, der schon mit 25 starb und sich viel mit Schönheit beschäftigt hat. In einer seiner Oden heißt es: „Beauty is truth, truth beauty, – that is all ye know on earth, and all ye need to know." (Schönheit ist Wahrheit, Wahrheit Schönheit – das ist alles, was ihr auf Erden wisst, und alles, was ihr zu wissen braucht.) Hinter Keats liegt Popham Island. Die Hälfte von Fir Island ist auch noch zu sehen. Am Horizont in vierzig Kilometer Entfernung, „the way the crow flies" – wie die Krähe fliegt, was so viel meint wie „Luftlinie", erstreckt sich Vancouver Island. Etwas links von meinem Fenster steht eine Douglastanne, auf der immer wieder Weißkopfadler sitzen wie auf dem Bild auf Seite 39.

Hier erinnere ich mich, dass die äußere Schönheit einer inneren entpricht. Ich erinnere mich an mein Wesen, an die Gestalt meines Wesens, an die Ausdrücke meiner Liebe, an das Netzwerk meines Glaubens, an die Überzeugung meiner Hoffnung und finde so in mir das vor, was ich gerade vor dem Fenster gesehen habe. Mit Leidenschaft arbeite ich daran, dass innen und außen eins werden. Es ist dann, als käme die Landschaft zu mir – das Wasser, die Inseln, der Horizont, die sich ständig verändernden Wolken in der Weite des Himmels. Ich spüre die Landschaft in mir. Ich werde weich und formbar. Die harten Formen weichen auf, und das Leben kann mich gestalten. Ich lebe nicht mehr nach Regeln und Gesetzen.

Während ich dies schreibe, spüre ich, dass ich der Schönheit Platz mache. Es geschieht. Ich geschehe, ich ereigne mich, mehr als ich schon fertig bin. Ich fließe in die Gestalt, die ich liebend gewählt habe. Ich fließe in die Schönheit alles Werdens. Ich bin eine schöne Insel, ganz für mich.

Inside and outside

I have the good fortune to have a window 3,50 meters wide in front of my desk. It looks out onto Georgia Strait, a part of the Pacific on the western coast of Canada. Here I watch the ever-changing beauty of the beach and the ocean. Eight hundred meters away Keats Island appears out of the ocean. It is named after the English lyric poet John Keats, who died at 25 and who thought and wrote about beauty. In one of his odes he writes: "Beauty is truth, truth beauty, – that is all ye know on earth, and all ye need to know." Behind Keats Island lies Popham Island and a piece of Fir Island can also be seen. At the horizon, 40 kilometers away, the way the crow flies, Vancouver Island spreads out. A little left of my window is a Douglas fir, on which bald eagles sometimes sit, as on the picture on page 39.

Here I remind myself, that outer beauty has its equivalent on the inside. I remember my essence, my being, the expressions of my love, the network of my faith, the conviction of my hope. I find in myself what I just saw outside of my window. With passion I am working at making the outside and the inside one. It seems as if the landscape then comes to me – the water, the islands, the horizon, the constantly changing clouds in the expanse of the sky. I sense the landscape in me. I become soft and malleable. My hard forms soften and life can shape me. I do not live by rules and laws any longer.

While I am writing this, I sense that I am making room for beauty. It is happening. I am happening, I am taking place, much more than I am complete already. I flow into the shape, that I have lovingly chosen. I flow into the beauty of all Becoming. I am a beautiful island unto myself.

Überfluss

Wir brauchen nicht die Betonung der Hässlichkeit,
die Zerstörung des Zarten,
die Zersetzung des Sinnvollen.
Das Dunkle ist uns schon zu sehr in die Knochen gefahren,
hat uns blind gemacht
und unser Gesicht in eine Fratze verwandelt.

Ich will mich daran erinnern,
dass sich die Welt von Sekunde zu Sekunde
in eine Schönheit nach der anderen wirft,
als hätte sie unsere dunklen Gedanken nicht gehört:

Noch laufen die Wellen auf tausend Strände,
noch steht die Lärche still in der flimmernden Luft,
noch ist die Mutter bereit, sich für ihr Kind zu opfern.
Es gibt keinen Moment,
in dem die Sonne nicht irgendwo flammend untergeht
und Sprachlosigkeit auslöst.
Noch dehnt sich das Universum aus,
noch entstehen Wunder in uns
aus dem Überfluss der Lebensquelle.

Overflowing

We don´t need the emphasis on ugliness,
nor the destruction of that which is gentle,
or the undermining of purpose.
It has entered our bones too much already,
it has blinded us
and changed our face into a hideous mask.

I want to remember
that from second to second
the world throws itself into one beauty after another,
as though it had never heard our dark thoughts.

Countless waves still run up a thousand beaches,
the lark continues to stand still in the flickering air,
a mother is still prepared to sacrifice her life for her child.
There is not a moment
when the sun does not set in flames somewhere
leaving its watchers speechless.
The universe is still expanding
and miracles still arise in us
from the spring of life overflowing.

Schwere

Es gibt Tage,
da findest du nicht heraus
aus der Schwere deines Körpers.
Mit deinem Versagen
schließen sich die Türen,
die du offen halten wolltest.

Erst wenn du selbst Tür wirst,
wenn du durch dich, durch die Not und Härte,
durch dein eigenes Versagen zu dir selbst findest,
löst du die Verheißung deiner Schwere ein.

Wir reifen an uns selbst.
Wir sind unsere Herausforderung.
Über das Hässliche werden wir schön.
Über das Schwere gewinnen wir
eine überirdische Leichtigkeit.
Wir werden verwandelte Substanz.

Heaviness

There are days
when you can not find a way out
of the heaviness of your body.

With every failure
the doors, which you wanted to keep open,
close further.

Only when you yourself become the door,
when you find the path to yourself through yourself,
through neediness and harshness,
through you own failure,
will you redeem the promise of your heaviness.

We mature by facing ourselves.
We are our challenge.
By meeting the ugly, we become beautiful.
By confronting our heaviness
we win an ethereal lightness.
We will be a substance transformed.

Schreiben, sprechen

Ich stelle Worte zueinander,
mal leidenschaftlich, mal gemessen.
Ich führe sie an den Rand ihrer Bedeutung
und zurück in ihre gehaltvolle Mitte.
Ich lasse sie fließen und halte sie zurück.

Ich will ihre Wildheit wahren,
ihre Entäußerung, ihren Höhenflug.
Sie sollen noch heiß und kalt sein können,
Liebe und Tod mitten im Leben spüren.
Zugleich verlange ich von ihnen eine Ordnung,
in der sie ihren Platz halten gegen die Sprachverwirrung,
gegen eine Willkür, in der sie nichts mehr bedeuten.

Meine Gedanken beatmen die Worte,
mein Blut gibt ihnen Farbe.
Meine Zunge erlöst sie zu ihrer Bedeutung,
meine Lippen füllen ihre Vokale.
Sie stoßen sich an einander,
sie kämpfen und lieben einander,
sie schwimmen und fliegen.
Sie bluten, lachen und leben.

Manchmal gehe ich in Worten verloren,
– in ihrer unvergleichlichen Schönheit –
als einer, der die Sprache liebt,
weil sie Schaufel ist, mit der ich mich umgrabe,
weil sie Skalpell ist, mit dem ich das Tote vom Lebendigen trenne,
weil sie ein zu großer Mantel ist, in den ich hineinwachse.

War nicht Gott Sprache, ehe er alles andere war?

Writing, speaking

I position words together,
sometimes passionately, sometime measured,
whatever the words have ordered me to do.
I lead them to the edges of their meaning
and then back to their nourishing center.
I let them flow and hold them back.

I want to guard their wildness,
their renunciation and high-altitude flight.
They must still have the capacity to be hot or cold
and to sense love and death in the midst of life.
At the same time I ask an order of them,
in which they maintain their place
against the confusion in language,
in which they no longer mean anything.

My thoughts breathe life into the words,
my blood gives them color.
My tongue releases them to their meaning,
my lips fill their vowels.
Sometimes they disapprove of each other,
they love and fight,
they swim and fly.
They bleed, laugh and live.

On days like today I get lost in words
– in their incomparable beauty –,
as one, who loves language
because it is a shovel
with which I can turn the soil that I am,
because it is a scalpel,
with which I can cut the dead from the living,
because it is a coat that is too large,
into which I can grow.

Was god not language before he was anything else?

So oben wie unten

Von der Schönheit um mich
schließe ich auf Gott.
Er schafft, was er ist.
Sie ist, was sie schafft:
Schöner Gott,
Haare wie Wolken,
Lippen wie Früchte,
Augen wie Seen,
Hände wie farbige Luftwurzeln,
Gedanken wie Blumen,
das reine Himmelsblau ein Gebet,
die gesamten Kiesel der Welt ein großer Baukasten,
der orangene Abendhimmel ein Seufzer zu mir hin,
der rote Morgenhimmel ein glühendes Versprechen,
bei dem ich Feuer und Hoffnung fange.

Above like below

From the beauty around me
I draw conclusions about god.
He creates what he is.
She is what she creates:
Beautiful god,
hair like clouds,
lips like fruit,
eyes like lakes,
hands like aerial roots,
thoughts like flowers,
the pure skyblue a prayer,
all the pebbles in the world a large game,
the orange evening sky a sigh in my direction,
the red morning sky a promise,
setting me ablaze with hope.

Die andere Schönheit

Sie traf ihn, als sie unterwegs war zu sich selbst.
Sie hatte alles verschenkt, was sie in die Irre führen konnte.
Dann war sie in die große Ebene gezogen,
um die Ewigkeit sehen zu können,
da, wo Zeit und Entfernung eins werden.
Als sie sich begegneten nahm sie ihm die Schwere ab,
an der er sich hielt, als hielte sie ihn.
Sie gab ihm zu trinken, ließ ihn die Sonnenblumen sehen,
lernte die Sprache seines Wesens,
sie hörte ihn und ließ sich hören.
Es war ein heller Weg in der Sonne,
ein alter Weg zu den Sternen.

Als dann der Augenblick kam,
in dem er sich in sie verlieben würde,
– sie wusste wie es ging, immer wieder –,
da verband sie ihm die Augen,
da schwieg sie und ließ sich nicht von ihm berühren.
Sie legte das Parfüm ihrer Haut ab,
sie entzog sich ihm, um sein Herz zu finden
und selbst jenseits der Sinne gefunden zu werden.

Als er sie dann nicht mehr fand,
als er sie nicht hören und nicht sehen konnte,
als er sie weder riechen noch schmecken konnte,
da zog er sein altes Wissen wie einen Mantel aus,
er legte alles ab, was ihm Sicherheit gab.
Leidend schwieg er sich hin zu ihr.
Ahnend machte er dem Großen Platz.

The other beauty

She met him when she was on the way to herself.
She had given up everything that could lead her astray.
Then she moved to the great plain
from where she could see eternity,
the place where time and distance become one.
When they met, she took his heaviness from him,
even when he clung to it, as though it could save him.
She gave him to drink, let him see the sunflowers,
learned the language of his being,
she listened to him and gave of herself.
It was a bright path in the sun,
an old way to the stars.

When the moment came
for him to fall in love with her,
– she knew how it went, always –,
she blindfolded him,
she fell silent and did not allow him to touch her.
She discarded the perfume of her skin,
she withdrew from him, in order to find his heart
and to be found beyond the senses.

When he did not find her any longer,
when he could not hear or see her,
when he did not smell or taste her
he took off his old knowlege like a coat,
he put down everything that gave him security.
Suffering, he approached her with silence.
Sensing her, he made room for the larger Presence.

Er tauchte in eine Tiefe,
die es für ihn nie gegeben hatte.
Er wurde, was er noch nie gewesen war,
um sie zu erkennen, über jedes Wissen hinaus.
Als alle Vorstellungen zu Ende gingen
und die sinnliche Welt sich ausruhte,
da wurde er heimgesucht von der Schönheit,
die er nur von Träumen kannte.

Da begriff er und bat sie:
„Füttere mich nicht mit dir, wie du mir schmeckst.
Halte mich nicht, wie man hält, was man verlieren wird.
Öffne nicht, was du nur am Rand bist."

Da erkannte sie, dass sie erkannt war
wie Licht, wie Freiheit, wie Gott.
Da neigte sie sich mit ihrem ganzen Geheimnis zu ihm,
um nie wieder die zu sein, die sie nicht war,
und göttlich fuhr eine andere Schönheit in die Welt
wie ein Blitz, der erleuchtet und verbrennt.

He dove into a depth
that had never existed for him.
He became what he had never been,
in order to come to know her beyond all he knew.
When all his fantasies came to an end
and the sensual world rested,
he was sought out by a beauty
that he only knew from his dreams.

He finally understood and asked her:
"Do not feed me with you, as I want you to taste.
Do not hold me how one holds what one will lose.
Do not open what you are only at the periphery."

Then she recognized that he knew her
like light, like freedom, like god.
She turned towards him with all her mystery,
never again to become who she was not,
and a divine beauty entered the world
like lightning, illuminating and burning.

Aus dem Bauch eines Fisches

Es ist schon lange her,
als ich am Strand einer Insel
einen kleinen Hai von der Angel losmachte.
Eine Frau in einem Ruderboot hatte ihn gefangen
und bat mich um Hilfe.
Mit der Angel kämpfend, hatte er sich verausgabt.

Als der Fisch sterbend
auf den harten Steinen des Strandes lag,
sah ich, wie sein Leib sich bewegte.
Ein Fisch laicht, dachte ich,
dieser aber trug lebendige Junge in sich.
Schnell massierte ich den sterbenden Leib –
ich spüre es noch in meinen Händen,
wie ich den nassen Leib entlangstrich –,
und ein kleiner Hai, zwanzig Zentimeter lang,
erblickte die Sommersonne.
Ich setzte ihn ins Meer, und er schwamm davon,
als wäre er schon immer geschwommen.
So beförderte ich sechs Haie
aus dem Sarg ihrer Mutter ins Leben
und sah sie alle im klaren Wasser verschwinden.

Diese Momente von vor vierzig Jahren
wiederhole ich auf unterschiedliche Weise immer neu,
wenn ich denke, schreibe, spreche und schweige.
Alles ist, dem Leben Handlanger zu sein,
weil es nichts Schöneres gibt.
Mitten im Tod.

From the belly of a fish

Long ago on an island
I released a small shark
from the rod and hook of a woman,
who had caught the animal.
She asked my help.
Having battled the hook,
the shark was totally spent.

When the fish lay dying
on the hard pebbles of the beach
I noticed that the belly moved.
A fish spawns, I thought,
but this one carried live young.
Quickly I massaged the dying body –
I can still feel my hands stroking the wet body –,
and a small shark, twenty centimeters long,
saw the light of the summer sun.
I placed him in the ocean and he swam away,
as though he had always swum.
Six in all I transported from the coffin of their mother
into life and they all disappeared in the clear water.

In different ways
I am repeating these moments of forty years ago
when I think, write, speak and fall silent.
There is nothing more beautiful
than to assist life.
Right in the middle of death.

Flüssiges Gold

Du könntest nur leicht nicken
und den einen Schritt tun, den unscheinbaren,
der schon nicht mehr nötig scheint.

Oder deinen Augen den Weg zum anderen
über den stillen Abgrund zumuten,
ohne dein Herz zu verschleiern.

Oder vielleicht den Gedanken denken,
den andersartigen, den du nicht wagst,
den mit Feuer und Licht,
der dich schon oft verzehrt hat.

Wie wäre es, nur vertrauend still zu halten,
um endlich die augenblickliche Welt
in die Schönheit zu stürzen,
auf die sie schon lange hingewiesen hat?

Wenn du jetzt das Nicken wagst,
wenn du den Schritt machst,
wenn du deine Augen offen lässt,
wenn du den Feuergedanken erlaubst
und wenn du in deinem Wesen still hältst,
dann beginnt das flüssige Gold der Sonne
über alles zu fließen.

Liquid gold

You could just nod,
and take that one step,
the one that seems unimportant.

Or you could send your eyes across the abyss
to the others without veiling you heart.

Or perhaps you could think that one thought,
the other one, the one you don´t dare think,
the one with fire and light
that has often consumed you.

Or how would it be, if you just held still
in order to finally send the present world
into the beauty,
to which it has so often directed you?

If you now dare to nod,
if you take that one step,
if you keep your eyes open
and allow those fiery thoughts,
or if you could just hold still,
the liquid gold of the sun
would flow over all.

Ein Lichtfleck

Ich setze mich an den Schreibtisch,
erfüllt mit Gedanken, mit denen ich meine,
die Welt verbessern zu können.
Die ersten Zeilen lassen sich leicht einfangen,
eine vorläufige Bedeutung wird sichtbar.
Ich sehe eine Leserin, meine Worte lesend.

Dann blicke ich auf.
Vielleicht brauchen meine Gedanken eine Pause,
vielleicht weiß ich auch nicht weiter.
Ich sehe einen Lichtfleck
auf dem silbernen Meer vor meinem Fenster.
Ein Boot fährt auf den Fleck zu,
durchquert seine Mitte,
und in dem Augenblick wirkt es,
als würde sich Gott im Licht
nur diesem kleinen Boot in völliger Hingabe widmen.
In jedem Moment geschieht außerhalb der Zeit
geheimnisvoll und stellvertretend etwas,
irgendwo auf der Welt,
was die Welt ein Stück mehr erlöst.
Es geschieht auch in dir und mir, gerade jetzt.

Unter mir klatschen die weißen Wellen
auf den Strand mit schwarzen Kieseln,
und mein Text zur Verbesserung der Welt liegt vergessen da.
Aber ich spüre keinen Verlust,
weil die Worte nur sichtbar machen sollten, was ich jetzt sehe.
Da dehnt sich Schönheit wie Wärme in mir aus.

A patch of light

I sit down at my desk
filled with thoughts with which I hope
to better the world.
I find it easy to capture the first lines,
a temporary meaning becomes visible.
I imagine a woman reading my words.

Then I look up.
Perhaps my thoughts need a break
or I don´t know how to continue.
I see a silver patch of light
on the dark ocean in front of my window.
A boat approaches the patch,
crosses its middle
and at that moment it seems
as if in the light god were devoted in utter abandon
only to this small boat.
In each moment something happens outside of time,
somewhere near or far,
mysteriously redeeming the world a little more.
It happens in you and me as well, just now.

Below me waves splash over the black pebbles on the beach
and my lines for bettering the world
lie forgotten on my desk.
But I feel no loss,
because the words were only to make visible
what I now see.
Beauty spreads out in me like warmth.

Eine dunkle Schönheit

Wir lieben die perfekt und gleichmäßig geformte Blüte einer Blume, einen geraden Baum und einen kreisrunden Stein. Wir lieben die Ausgewogenheit, die wiederkehrenden Muster. Aber Schönheit ist nicht immer „schön" im üblichen Sinn. Es gibt eine Schönheit, die mit Leiden, mit Durchhalten, mit Kämpfen zu tun hat. Manchmal ist es schwer, diese Schönheit auf den ersten Blick zu sehen oder zu verstehen. Aber wir haben auch dafür einen Sinn. So lieben die meisten Menschen alte, bizarr gewachsene Bäume, weil sie etwas von dem Überlebenskampf dieses Baumes spüren und intuitiv ahnen, dass sich Elementares, das auch sie angeht, abspielt.

Ich glaube, es ist möglich, das eigene Verständnis und Bild von Schönheit zu erweitern. Nicht nur Ausgewogenheit und Schönheit sind schön. Ich merke, wie anziehend und schön ich ein altes, faltiges Gesicht finde, auf dem die Herausforderungen des Lebens einen unauslöschlichen Eindruck hinterlassen haben.

Ich merke, dass mehr und mehr in meinem Begriff von Schönheit Platz hat. Vielleicht kann ich irgendwann einmal alles in der einen oder anderen Form in die Schönheit aufnehmen und die Schönheit des Ganzen erahnen. Vielleicht kann es so die „Schönheit einer Krankheit" geben, wenn ich realisiere, dass sich der komplexe und komplette Organismus eines Menschen – mit Körper, Seele und Geist – durch die Krankheit auf die höhere Stufe einer umfassenden Gesundheit zubewegt. Oder dass wir dort, wo wir das Schöne und das Schwere gegeneinander stellen, zu vordergründig reagieren, weil die Annahme der „Schönheit des Schweren" ein notwendiger Schritt ist zur Vervollständigung unseres Lebens. So verstanden, kann auch der Verlust, das Sich-Auflösen, der Verfall, das Sterben schön sein. Die Vorbereitung für diese Sicht vom Leben geschieht in uns. Mit der Art, wie wir uns selbst begegnen, leiten wir ein, was wir um uns als schön empfinden und was wir in unser Leben aufnehmen.

A dark beauty

We love the perfect and evenly formed blossom of a flower, an absolutely straight tree and a circular stone. We love balance and recurrent patterns. But beauty is not always "beautiful" in the usual way. There is a beauty connected to suffering, survival and resistance. Sometimes it is difficult to recognize or understand this beauty at first glance. But we do have a sense for it. That is why we love bizarre, misshapen trees. We sense in those trees something of our own battle to survive, and intuitively we know that something very elementary is happening here.

I believe that it is possible to expand our image and understanding of beauty. Not only balance and beauty are beautiful. I notice how attractive and beautiful I find an old wrinkled face, on which the challenges of life have left indelible marks.

As I am growing, there is more and more room in my relationship with beauty. Maybe I will one day be able to include everything in beauty in some way or another. Perhaps there can be a "beauty of sickness", if I realize that the whole complex organism of a human being – body, soul and spirit – is moving towards a deeper and all encompassing health by way of this illness. Perhaps we are reacting superficially when we set beauty and the difficulty of life against each other. The acceptance of the "beauty of difficulty" is a necesssary step for the completion of our life. Understood in this way, loss, dissolution, decay and death can be beautiful. The preparation for this view of life happens deep inside of us. By the way we face ourselves, we determine what we will find beautiful.

Die schöne Weisheit des Schmerzes

Wenn die mit Regen gefüllten Wolken
über dem blaugrauen Meer
Dunkelheit über mich schütten,
als wollten sie mich ertränken,
dann öffnet sich eine vernachlässigte Welt in mir,
wie Verheißung und Wunde
erschreckend gleichzeitig.

Schön ist das Glück:
Arme voller Blumen,
die Erfüllung, die Perfektion in Form und Ton,
die unverrückbare Bedeutung
und ein leuchtendes Ziel.
Sie alle geben uns Heimat.
Aber schön kann auch der Schmerz der Entfaltung sein,
die Häutung, das unaufgefangene Fallen,
die heisere Stimme, das Zerrissene,
der Verlust des deutlichen Sinns.

Wie die Samen eines Sequoia Mammutbaumes
Jahrzehnte in der Erde liegen können
und nur aufbrechen, wenn ein Feuer über sie hinweggeht,
so gibt es Welten in uns,
die nur durch die dunkle Nacht der Seele
aufspringen und wachsen.
Schönheit kann schwarz auf schwarz sein,
ein Leben unter dem Gewicht der Welt,
schmerzhaft bis an die Grenze.
Da beginnt unser anderes Leuchten,
da beginnt die schöne Weisheit des Schmerzes.

The beautiful wisdom of pain

When rain-filled clouds
above the bluegray ocean
pour darkness over me,
as though they wanted to drown me,
then a neglected world in me opens up
like a promise and wound,
both at the same frightening time.

Happiness is beautiful,
so are armfuls of flowers,
fulfilment and perfection in shape and sound,
a definite meaning
and a shining goal.
They all create that place of belonging in us.
But the pain of unfolding can also be beautiful,
the skinning, the unchecked fall,
the hoarse voice, the fragmented and torn,
the loss of a clear purpose.

Like the seeds of a sequoia,
which can lie in the ground for decades
and only break open when fire rushes across them,
so there are worlds in us
that will only break open and grow
in the dark night of the soul.
Beauty can be black on black,
a life under the weight of the world,
painful to the very limit.
That is where our other radiance begins,
the beautiful wisdom of pain.

Was uns schön macht ...

Achtsam zu sein,
von innen heraus still sein zu können,
zu ruhen, wenn überall Unruhe ist,
nicht aufzugeben,
mit dem Wesen hören zu können,
nicht käuflich zu sein,
sich selbst anzunehmen,
die Weite in der eigenen Seele zu fördern,
die leidenschaftliche Suche nicht aufzugeben,
verwegen zu lieben,
herzhaft vergeben zu können
und über das Vergeben hinauszugehen,
am Leid der Welt zu leiden,
verletzbar zu sein,
aufrecht zu gehen,
Entscheidungen zu treffen, die zum Leben führen,
Erbarmen zu üben,
mutig zu sein für die Schwachen.

Nichts davon hat mit Haut, mit Schmuck,
mit Körper und Gesichtsform zu tun.
Unsere wahre und anhaltende Schönheit beginnt in uns,
in unserer Seele, diese gottförmigen Leere.

What makes us beautiful

To be attentive
to be still from the inside,
to rest when we are surrounded by restlessness,
not to give up,
to be able to listen with one´s being,
not to have a price, for which we can be bought,
to accept oneself,
to further the openness of one´s own soul,
to continue the passionate search,
to forgive from the heart
and to go beyond forgiveness,
to love daringly,
to suffer at the suffering of the world,
to be vulnerable,
to walk upright,
to make decisions that create life,
to practice compassion,
to be courageous for the weak.

None of these are connected to skin, jewelry,
shape of body and face.
Our true and lasting beauty begins in us,
in our soul, that god-shaped void.

Durch die Sinne

An manchen Tagen reduziert sich alles
auf die Farben der blühenden Felder,
auf die lila Luft über dem Meer,
auf den flüssigen Flug der Möwe,
und unser Glück, dieses schüchterne,
besteht nur aus den angewendeten Sinnen,
die die Welt aufsaugen:
die Säure eines Apfels,
der mit dem großen Biss auseinanderspringt,
eine mächtige Kumuluswolke,
die sich in der Netzhaut verfängt,
das Adagio der Windsinfonie in den Tannen,
das Regenwald Aroma der Mango,
deine Lippen,
die von den Sinnen sprechen
und sie berührbar machen.

Through the senses

On some days everything is reduced
to the colors of blooming fields,
to the purple air above the ocean,
to the liquid flight of the gull,
and happiness, our shy partner,
insists only on the senses,
that soak up the world:
the tartness of an apple
broken apart by a big bite,
mighty cumulus clouds caught in the retina,
the adagio of the wind symphony in the firs,
the rain forest aroma of the mango,
your lips,
speaking of the senses
and making them touchable.

In die Jahre gekommen

In die Jahre gekommen,
in die Wüsten gewandert,
durch die Flüsse geschwommen,
in den Morgen gesprungen
und im Abend geruht.
Ich habe mich ausgesetzt, eingesetzt,
verausgabt und ausgeruht,
und immer blieb mir die Schönheit,
auch als ich es nicht merkte.

Sie haftete an der Innenseite meiner Augenlider,
wartend, abrufbereit, regenbogenbunt.
Meine Wimpern kämmten sie über alles,
und sie, mit ihrem göttlichen Blick,
verwandelte die Herbheit, die Auflösung,
den Verlust und den Untergang.
Was ich ansehe, sieht Gott an.
Was mich ansieht, trägt die Augen Gottes.

I´ve come into the years

I´ve come into the years,
I walked the desert and swam rivers,
I jumped into the morning
and relaxed in the evening.
I took chances and became vulnerable,
I spent myself and I rested,
and beauty always remained with me,
even when I was oblivious to it.

It was stuck to the insides of my eyelids,
waiting, ready to be summoned, rainbow colored.
My eyelashes combed beauty over everything
and beauty with its divine gaze
transformed the bitterness, the dissolution
the decline and the loss.
What I look at, god sees.
What is looking at me, has god´s eyes.

Dein Haus

Mit viel Sorgfalt und Liebe
entzieht dir das Leben die begehrten Geschenke:
die leuchtenden Blumen der Schönheit,
die offenen Türen des fertigen Glücks,
die sich überschlagenden Zahlen des Erfolgs.
Es traut und mutet dir mehr zu.

Auch aus dem, was du nicht kannst,
vielleicht sogar aus dem, was du nicht bist,
baust du ein Haus, erst sparsam
und mit viel Anstrengung,
später mit Überzeugung und Begeisterung.
Jedes Zimmer ist ein Raum der Achtamkeit,
jedes Fenster Versuchung und Herausforderung,
jede Tür ein Abenteuer,
der Keller ein Fundament für jedes Stockwerk,
das du noch draufsetzt.
Im Garten pflanzst du Blumen,
deren Dornen sie nicht hindern
schön zu sein: Rose, Distel, Kaktus.

Hier wirst du die Tänzerin in Fesseln,
aber du wirst *tanzen, und dein Ausdruck*
wird hinreißend sein,
du wirst Dichterin ohne Worte sein,
aber deine Gedichte werden verzaubern,
und du wirst die Malerin im Dunklen sein
mit Bildern, die Licht ausstrahlen.
Du wirst Meisterin deiner Begrenzung,
deren Überwindung Legende sein wird
in der Annalen der Schönheit.

Your House

With care and love
life holds back the desired gifts:
the shining flowers of beauty,
the open doors of prepared happiness,
the exploding numbers of success.
Life expects more from you
and at the same time entrusts more to you.

A house will be built from what you can´t do,
and perhaps even from what you aren´t,
sparingly and with much effort at first,
later with conviction and passion.
Each room is a space of mindfulness,
each window a temptation and challenge,
each door an adventure,
the basement a foundation
for each storey you add.
In the garden you will plant flowers
whose thorns will not hinder their beauty:
rose, thistle, cactus.

Here you will become a dancer in shackles,
but you will dance and your expression
will be stunning,
you will be a poet without words,
but your poems will enthrall,
a painter in the dark,
with paintings radiating light.
You wil be master of your limitations,
whose overcoming will be legend
in the annals of beauty.

Ein fernes Ziel

Es ist ein fernes Ziel,
über das es wenig Auskunft gibt
und vor dem wir uns fürchten,
weil es uns aus der Hand genommen zu sein scheint.
Aber vielleicht kann es uns gelingen,
dem eigenen Tod eine Schönheit zu verleihen,
in der das verflossene Leben
sich noch einmal dichter konzentriert,
als machte man mit dem Tod
den ersten Atemzug in einer anderen Welt,
die von Anfang an Teil dieser Welt war.

A distant goal

It is a distant goal
about which we know little
and which we fear,
because it seems to have been taken out of our hands.
But maybe we can succeed
at giving our own death a beauty,
in which our spent life
is concentrated one last time,
as though we took, with our death,
the first breath of another world,
that had been a part of this world
from the beginning.

Weltumspannend

Was ich erlebe, ist unteilbar.
Jede Bewegung ist alles.
Jedes Ding ist Herz der Welt.
Jeder Satz spricht von Erlösung.
Jedes Auge sieht und wird gesehen.

Wenn ich ausatme,
strömt am anderen Ende der Welt
ein großer Fluss ins Meer.
Wenn ich erschrecke,
fällt die Temperatur
in Lauenburg an der Elbe.
Wenn ich aufrecht gehe,
richtet sich ein Baum in Nepal auf.
Wenn ich mich befreie,
öffnet sich in einer Frau in Christchurch
die Tür zu ihrem Unbewussten.

Was ich erlebe, gehört nicht mir.
Was ich erfahre, erfährt die ganze Welt.
Was ich glaube,
wird in deinem Herzen Wirklichkeit.
Ich, du, wir alle
sind unteilbar.

Spanning the world

What I experience is indivisible.
Each movement is everything.
Every thing is the heart of the world.
Each sentence speaks of redemption.
Every eye sees and is seen.

When I exhale
a large river at the other end of the world
streams into the sea.
When I am startled
the temperature falls
in Lauenburg on the Elbe River.
When I stand up
a tree in Nepal holds itself more erect.
When I liberate myself
a door to the unconscious opens
in a woman in Christchurch.

What I experience does not belong to me.
What I come to know, the whole world will know.
What I believe
will become reality in your heart.
I, you, all of us
are indivisible.

Zu den Fotografien

Umschlag, Vorderseite: Espenstand auf dem Boulder Pass, nördlich von Boulder, Utah, USA.
Umschlag, Rückseite: Abendstimmung am Sound of Arisaig, Schottland.
1 Abendstimmung am Sound of Arisaig, Schottland.
7 Morgenstimmung an der Küste von Oregon, in der Nähe von Cannon Beach, USA.
9 Elefantenbaum in den Lavafeldern des Vulkans Tres Virgenes, Baja California, Mexico.
11 Morgenlicht auf einer Sandsteinwand in einem der Kolob Canyons, einem Teil des Zion National Parks, Utah, USA. Dieser Canyon ist eng, und die Sonne schien nur auf die gegenüberliegende Seite. Das Licht auf der abgebildeten Wand ist nur reflektiertes, kein direktes Licht.
12/13 Espenwald unterhalb von Mount Timpanogos, Utah, USA. Mich begeistert immer wieder, wie wunderbar gerade und aufrecht Espen wachsen können.
15 Abendstimmung in dem Gebiet von Landmannalaugar, Island.
17 Das klare Wasser des Merced River im Yosemite National Park, California, USA.
19 Aufgehender Mond über den Bergen im Glacier National Park, Montana, USA. Die Baumskelette sind abgestorbene Kiefern, die hier besonders häufig zu finden sind.
21 Mohn in Gibsons, British Columbia, Canada.
23 Bristlecone Kiefern, von denen nur noch die Skelette übrig sind, in den ersten Strahlen der Morgensonne, in den White Mountains von California, USA.
25 Die untergehende Sonne lässt einen einfachen Stein am Strand bei Gibsons, British Columbia, Canada, besonders aufleuchten.
26/27 „Hoodoos", Steintürme in der Wüste bei Lake Powell, Utah, USA. Der helle, weiche Stein wird durch Erosion besonders schnell abgetragen. Der härtere Stein oben, der langsamer erodiert, schützt da, wo er liegt, den weichen Stein unter sich. So bilden sich diese Türme.
29 Spiegelung der Wüste in einem kleinen Teich, Paria Canyon, Vermilion Cliffs Wilderness, Utah, USA. Das Wasser hält sich meistens nicht lange, es verdunstet schnell.
31 Espen umgeben von farbigem Herbstlaub, bei Sundance, Utah, USA.
33 Boojum Bäume in der Wüste von Baja California, dem Teil von Mexico, der 2000 Kilometer von California aus südlich ins Meer hinausragt.
35 Farne, Schottland. Es gab hier so viele Mücken, dass es mir fast nicht gelungen ist, dieses Bild zu machen.
37 Flechten und Gräser in der hohen Wüste, im Dinosaur National Monument, im nordwestlichen Colorado, USA.
39 Zwei Weißkopfadler auf eine Douglastanne, Gibsons, British Columbia, Canada, dahinter der Pazifik.
40/41 Bewaldete Hänge südöstlich von Salt Lake City, Utah, USA.

About the Photographs

Front Cover: A stand of aspen on Boulder Pass, north of Boulder, Utah, USA.
Back cover: Evening on the Sound of Arisaig, Scotland.
1 Evening on the Sound of Arisaig, Scotland.
7 Morning on the Oregon coast, near Cannaon Beach, USA.
9 Elephant tree in the lava fields of the volcano Tres Virgenes, Baja California, Mexico.
11 Morning light in one of the Kolob canyons, a part of Zion National Park. This canyon is quite narrow and the sun fell only on the opposite canyon wall. The wall pictured here had no direct light on it. All light is reflected from the opposite wall, making it an even deeper red.
12/13 Aspen trees below Mt. Timpanogos. I am always fascinated by the straightness and uprightness of these trees.
15 Evening mood in he area of Landmannalaugar, Iceland.
17 The clear water of the Merced River in Yosemite National Park, California, USA.
19 Rising moon above the mountains of Glacier National Park, Montana, USA. The tree skeletons are dead pines.
21 Poppies, Gibsons, British Columbia, Canada.
23 Bristlecone pines of which only the skeletons are left, in the first rays of the sun, in the White Mountains of California, USA.
25 The setting sun lets an ordinary stone turn to gold, on a beach near Gibsons, British Columbia, Canada.
26/27 Hoodoos in the desert near Lake Powell, Utah, USA. The light, soft stone is eroded quickly. The harder stone on top erodes more slowly and protects the softer stone underneath. That is how these towers are formed.
29 Reflection pool, Paria Canyon, Vermilion Cliffs Wilderness, Utah, USA. The water does not stay for very long. It evaporates quickly in the heat.
31 Aspen surrounded by colorful fall foliage, near Sundance, Utah USA.
33 Boojum trees in the desert of Baja California, Mexico.
35 Ferns, Scotland. There were so many mosquitoes here that I almost did not get the picture.
37 Lichen and grasses in the high desert, in Dinosaur National Monument, in northwestern Colorado, USA.
39 Two bald eagles on a Douglas fir, Gibsons, British Columbia, Canada. Behind them is the Pacific.
40/41 Wooded hillsides southeast of Salt Lake City, Utah, USA.
43 Apricots.
45 Granite wall reflected in a small pool, Yosemite National Park, California, USA.
47 Bristlecone pines in the White Mountains of California. These

43 Aprikosen.
45 Spiegelung einer Felswand, im Yosemite National Park, California, USA.
47 Bristlecone Kiefer in den White Mountains von California, USA. Diese stehen auf fast 4.000 Meter Höhe. Einige sind über 5.000 Jahre alt.
49 Stimmung am Pazifik lange nach Sonnenuntergang, bei Gibsons, British Columbia, Canada. Im Hintergrund liegt Vancouver Island im Nebel.
51 Woodpecker Bay auf der Südinsel von Neuseeland, bei Sonnenuntergang.
53 „The Racetrack – die Rennbahn" wird dieser ausgetrocknete See genannt. Er liegt in einem schwer zugänglichen Teil von Death Valley National Monument in California, USA. Hier gibt es ein rätselhaftes Phänomen. Man findet Steine von bis zu 100 Kilogramm, die sich offensichtlich über den Boden dieses Sees bewegen. Bisher hat niemand gesehen, wie das geschieht. Man vermutet, dass, wenn es regnet, der Boden sehr glatt wird, und die Steine durch Wind bewegt werden. Wenn der See wieder trocken ist, sind die Spuren der Steine deutlich zu sehen.
54/55 Ein kleines Espenwäldchen, im Schnee in den Bergen von Utah, USA. Das Weiß-auf-Weiß mit dem tiefblauen Himmel dahinter faszinierte mich an diesem Motiv.
57 Wasserfall auf der Südinsel von Neuseeland.
59 Malaspina Galleries, auf Gabriola Island, British Columbia, Canada. Hier ist Sandstein vom Meer in dieser Form ausgewaschen worden.
61 Verschneite Tannen, am Fuß der Zugspitze.
63 Kleiner Baum in einem engen Canyon, Paria Canyon, Vermilion Cliffs Wilderness Area, Arizona, USA. Besonders im Schatten ist das Rot dieser Felsen sehr intensiv.
65 Ausgewaschener Sandstein auf Hornby Island, nach Sonnenuntergang, British Columbia, Canada.
67 Sonnenuntergang am Strand bei Sechelt, an der Sunshine Coast von British Columbia, Canada.
68/69 Rote Felswand in den Kolob Canyons, Utah, USA.
71 Muster im Watt an der Westseite von Vancouver Island, am Chesterman Beach, nahe bei Tofino, Canada. Die Muster, die sich mit jeder Welle veränderten, wirken fast wie zweidimensionale Bäume.
73 Skelett einer Bristlecone Kiefer in der Wüste der White Mountains, California, USA.
75 Blaue Steine am schwarzen Sandstrand bei Vik, Island.
77 Kleiner Wasserfall am Englishman River, auf Vancouver Island, British Columbia, Canada.
79 Mohn bei Tauberbischofsheim.
81 Cottonwood im Herbst, am Zusammenfluss des Green und Yampa, im Dinosaur National Monument, im Nordwesten von Colorado, USA.
82/83 Eisberge, Jökulsárlón, Island.

stand at 4,000 meters elevation. Some of them are 5,000 years old.
49 Evening mood at the Pacific shore long after sunset, near Gibsons, BC, Canada. Vancouver Island lies in fog in the distance.
51 A part of the coastline on the South Island, New Zealand, at sunset.
53 This often dry lake is called the „Racetrack". It lies in a remote area of Death Valley National Monument in Califronia, USA. Here a puzzling phenomenon can be seen. Stones weighing up to 200 pounds seem to move across this lake. No one has seen how it happens. It is believed that when it rains the ground become so slippery that these stones are moved by the wind. When the lake is dry again, the trails of the stones crisscrossing the lake are clearly visible.
54/55 A small stand of aspen in the snow in the mountains in Utah, USA. The white-on-white with the deep blue sky behind it fascinated me.
57 Waterfall on the South Island of New Zealand.
59 Malaspina Galleries on Gabriola Island, British Columbia, Canada. The ocean has washed out the sandstone in beautiful patterns.
61 Fir trees in snow, underneath the Zugspitze, Germany´s highest mountain.
63 Small tree in a narrow canyon, Paria Canyon, Vermilion Cliffs Wilderness Area, Arizona, USA. The red of the rock is particularly intense in the shade.
65 Washed out sandstone, on Hornby Island, British Columbia, Canada.
67 Sunset on the beach near Sechelt, on the Sunshine coast of British Columbia, Canada.
68/69 Red canyon wall, in the Kolob Canyons, Utah, USA.
71 Pattern on the beach on the west side of Vancouver Island, near Tofino, British Columbia, Canada. The pattern almost looked like two-dimensional trees. It changed with every incoming wave.
73 Skeleton of a bristlecone pine in the desert of the White Mountains of California, USA.
75 Blue stones on a black sand beach near Vik, Iceland.
77 Small waterfall on the Englishman River, on Vancouver Island, British Columbia, Canada.
79 Poppies near Tauberbischofsheim, Germany.
81 Cottonwood in fall colors, near the confluence of the Green and Yampa River, in Dinosaur National Monument, in the northwest of Colorado, USA.
82/83 Icebergs, Jökulsárlón, Iceland.
85 Steamboat Rock in Dinosaur National Monument, in northwestern Colorado, USA. The Green River makes a big loop around this rock. In October 2000 I went down this river in a small inflatable with a friend.
87 I have watched and loved this tree for ten years. It stands in front

85 Steamboat Rock, im Dinosaur National Monument, im Nordwesten von Colorado, USA. Der Green River fließt in einer großen Schleife um diesen Stein. Im Oktober 2000 bin ich zusammen mit einem Freund diesen Fluss in der hohen Wüste mit einem Schlauchboot entlang gefahren.
87 Diesen Baum beobachte und liebe ich seit zehn Jahren. Er steht vor unserem Haus an der Wasserseite.
89 Der Blick über den Baum auf der vorhergehenden Seite. Im Hintergrund liegt Vancouver Island.
93 Elefantenbaum in der Nähe des Vulkans Tres Virgenes, in Baja California Sur, Mexico.
96 Verbena und das Skelett eines Saguaro Kaktus, in dem Gebiet von Guerrero Negra in Baja California Sur, Mexico.

Dank
Ein herzliches Dankeschön an Micha Pawlitzki, mit dem ich immer wieder auf Fotoreisen unterwegs bin. Micha ist halb so alt wie ich, auch Fotograf, und eigentlich sind wir Konkurrenten, aber wir lassen uns dadurch nicht abhalten, einander zu begleiten und diese Landschaften gemeinsam zu entdecken. Manchmal ist es erstaunlich, wie unterschiedlich die Bilder sind, die wir von den gemeinsamen Reisen mitbringen.
Ich danke Klaus Gruber ganz herzlich für seine Hilfe in technischen Dingen: Computer, Drucker, Software. Auch wenn er in Heidelberg wohnt, hilft er mir über den Ozean hinweg. Danke auch, Klaus, dass du meine Homepage wartest.
Ich danke auch Waltraud Schaffer, Ingrid und Seno Laskowski, Margo Howe und Bob Twiss, sowie Cathy MacLean und Richard Lund, die mir bei der Auswahl der Bilder für diesen Band geholfen haben.
Danke auch Margo Howe, Cathy Mclean und Richard Lund, die alle in Gibsons zuhause sind und mit denen ich die englische Fassung dieser Texte besprechen konnte.
Einen herzlichen Dank auch meiner Lektorin Marlene Fritsch im Kreuz Verlag, für ihre Ratschläge, wenn es an die Feinheiten der Texte geht und für ihre Freude und Begeisterung, etwas Schönes, wie diesen Bildband zu machen. Das ist nicht selbstverständlich.
Danke an die Mannschaft im King Photo Labor in Vancouver, die mir meine Fuji Velvia Filme immer ausgezeichnet entwickelt und so die Grundlage für gute Bücher legt.
Danke an die Leserinnen und Leser meiner Bücher und die Betrachterinnen und Betrachter meiner Bilder, die meine Bücher kaufen und es so möglich machen, dass ich weiter fotografieren, schreiben und veröffentlichen kann.

of our house on the side facing the ocean.
89 The view over the top of the tree on the precious page. In the background is Vancouver Island.
93 Elephant tree near the volcano Tres Virgenes in Baja California, Mexico.
96 Verbena and the skeleton of a saguaro cactus, in the area of Guerrero Negra in Baja California Sur, Mexico.

Thanks
A heartfelt thanks to Micha Pawlitzki with whom I have done a number of photo trips. Micha is half my age, a photographer also and we are really competitors, but this does not stop us from travelling and discovering these beautiful landscapes together. It is sometimes surprising how different the images are, that we each bring home from our joint trips.
Thanks also to Klaus Gruber for his help with technical matters: computers, printers, software. Even though he lives in Heidelberg, he helps me across the ocean. Thanks Klaus, for taking care of my website also.
Thanks to Waltraud Schaffer, Ingrid and Seno Laskowski, Margo Howe, Bob Twiss, as well as Cathy MacLean and Richard Lund, who helped me with the selection of the photographs for this book.
Thank you also to Margo Howe, Cathy MacLean and Richard Lund, who all live in Gibsons and with whom I could talk through the English version of these texts.
Thank you also to Marlene Fritsch my editor at Kreuz Verlag for her suggestions when attending to the finer points of the texts and for her joy and passion in creating something beautiful like this book.
Thanks to the crew at the King Photo lab in Vancouver, who develop my Fuji Velvia films so professionally. It is an important step for the creation of good books.
Thanks to you, the readers of my texts and the viewers of my pictures. By buying my books, you make it possible for me to continue to photograph, write and publish.

Ulrich Schaffer

wurde 1942 in Pommern geboren und wanderte 1953 mit seiner Familie nach Canada aus. Er wuchs im Norden von British Columbia auf, zog mit 18 Jahren nach Vancouver, studierte dort und in Hamburg Anglistik und Germanistik und unterrichtete 10 Jahre lang an einem College. Seit 1981 ist er freiberuflich Schriftsteller und Fotograf. Die Gesamtauflage seiner Bücher und Kalender beträgt über fünf Millionen.
Ulrich Schaffer und seine Frau Waltraud Schaffer leben in Gibsons, einem kleinen Ort an der Küste von British Columbia. Sie haben zwei erwachsene Töchter, Kira und Zilya.
„Ich fotografiere hauptsächlich mit einer Hasselblad mit Zeiss-Objektiven in den Brennweiten von 40, 50, 80, 120 und 180 mm sowie mit der Hasselblad SWC, der Weitwinkel-Kamera mit ihrem 38 mm Biogon. Für die Doppelseiten habe ich eine Linhof Technorama 612 gebraucht. Als Film verwende ich ausschließlich Fuji Velvia. Der Film gibt die Farben so wieder, wie ich sie in der Landschaft sehe."

was born in 1942 in Germany and emigrated to Canada in 1953. He grew up in the north of British Columbia, moved to Vancouver at age 18. There and in Hamburg he studied German and English literature and then taught for 10 years at a college near Vancouver. In 1981 he left his teaching position to write and photograph full-time. His books and calendars have sold more than five million copies.
Ulrich Schaffer and his wife Waltraud Schaffer live in Gibsons, a small coastal community in British Columbia. They have two adult daughters, Kira and Zilya.
"I photograph mainly with a Hasselblad with Zeiss lenses in focal lengths of 40, 50, 80, 120 and 180 mm, as well as with the Hasselblad SWC, the wide-angle camera with its 38 mm Biogon. The double-page spreads were shot with a Linhof Technorama 612. As film material I use Fuji Velvia exclusively. This film gives me the colors as I see them in the landscape."

Inhalt		Contents